www.tredition.de

AF178613

Latif Havrést

Ver!Woben

Gedichte

www.tredition.de

© 2016 Latif Havrést
Umschlag, Illustration: Vooria Aria

Verlag: tredition GmbH, Hamburg

ISBN
Paperback   978-3-7345-1452-4
Hardcover   978-3-7345-1453-1
e-Book   978-3-7345-1454-8

Printed in Germany

Inhaltsverzeichnis

I. Voces Silentia..11
Zeitweiche...13
Selbstenteignung..15
Der Weg 16
Gegenüberzeugung...17
Der Baum 18
Gedächtnisfenster 20
Tränenperlen 21
Zeitspektrum...23
Gespinst..24
IS!IS 26
Psalmengarbe 27
Exodos 29
Um!Woben...31
Schwadengabe..32
Blut!Odeur 33
Anfál 35
Kobane..37
Gegengebet 39
Selbsthader 41
Fortgejagt in die Urerde..43
Zeitwind..45
Lautloses Klangwerk 46
Hier und Jetzt..47
Ich!Dentität...49
I can't breathe 52
Taube Wünsche..54
Stimmen aus dem Zwangsbordell Gottes 55
Das Werk...57
Zeitschatten 59
Die atemlose Braut...61

Zyklus 63
Entwerden 65
Strick 66
Augenblick und Richtung 68
Die nahe Fremde 70
Mauer der Öffnung 71
Yad Vashem (יד ושם) 73
Sternenkinder 76
Übernächtigte Worte 77
Gottesstaat 78
Veraschtes Herz 79
Hellenica 80
Vater-/Kindgeist 82
Ein Stapel Unleben 85
Homo, Humanus, Humanitas 88
Salzatem 90
Die Furchtbahn 91
Vom Glauben berauscht 92
PEG!IDA 94
Die Asche deiner Träume 96
Gerede in der Wende 97
Schwund der vier Kleeblätter 99
Des Regens Kind 101
Vereint im Einst und Jetzt 103
Zerstoben in Steinschlag 104
Blutzoll in Tricolore 106
Sorgelaut des kleinen Herzen 108
Verwerfung 111
Blutroter Halbmond 113
Ver!Woben 114
Prinzessin Spiel 115

II. Gefühlsstaub 117
Scheidung 119

Nachtschleiche 120
Verscharrte Liebe 121
Perlen.. 122
Der Liebe Kosmos.. 123
Entwoben 124
Zerflammt 125
Zeichenschleier... 126
Der Seele Heimat 127
Glücksdrache... 130
Drachenflieger... 131
Ödenseer Rundgang... 132
Trip zu den sechs Seen.. 133
Reigen der Nichtliebe.. 135
Fernflirt in der Al-Aqsa Moschee 137
Fliegendes Geflüster... 139
Sinnestanz.. 140
Duftspuren... 141
Gepolt mit Dir 142
Ein Abend im Bricks.. 143
Schwarz-Grüne Liebesflut.. 145
Atemglut... 146
Farbwende 147
Des letzten Atems Ausklang.................................... 148
Der verlorene Mond 150
Herztöne... 152
Herzgeflecht 153
Sababa in Jaffa 154
Atemklang des Meeres... 155
Letzter Shabbat in Tel Aviv..................................... 156
Dissonanz... 157
Einsame Gefühlgewölke 158
Bibliografie... 159

Leitgedanken zu diesem Gedichtband

„Alles wirkliche Leben ist   ung". Dieses Zitat von Martin Buber gibt das Wesen des Lebens real wieder. Das ganze Leben besteht aus Begegnungen; Begegnungen von Menschen, die ihrerseits ihre Begegnungen hatten, Begegnungen von Ereignissen, die durch andere Ereignisse neue Ereignisse herbeiführen. Alles ist in Wechselbeziehung. Alles ist miteinander verwoben. Geschehnisse, Lebenswelten, Schicksale sind miteinander verwoben und greifen ineinander.

Das Jahr 2015 war ein ereignisreiches Jahr, voller Wirren, voller Bangen, voller Sorgen, voller Verzweiflung und dennoch nicht bar jeder Hoffnung. Es war geprägt von Kriegen, Zerstörungen, Terroranschlägen, Flucht, Elend und Schicksalsschlägen. Menschen wurden sowohl von terroristischen Gruppen als auch von autoritären, diktatorischen Staaten Leid zugefügt und ins Elend gestürzt; sie wurden aber auch von sich „zivilisiert und demokratisch" nennenden Staaten im Stich gelassen. Diese Staaten haben sogar die eine oder die andere kriegsführenden Gruppen unterstützt und tun es weiterhin.

Dieser Gedichtband ist gezeichnet von diesen Ereignissen; er ist ein Pathos dessen, was den Menschen und der Menschheit in diesem Jahr an Unheil, Leid, Trauer, Angst und Sorge widerfahren ist.

Es ist aber nicht nur Leid und Leiden, was in diesem neuen Band enthalten ist. Es sind auch fröhliche Erlebnisse, Freude, Begeisterung und Gefühle der Liebe und Leidenschaft für schöne Dinge darin präsent. Ich wünsche den LeserInnen eine nachdenkliche aber auch vergnügliche und anregende Lektüre.

Latif Havrést, Wien, März 2016

I. Voces Silentia

Zeitweiche

Die Zeit ist da
real wie eh und je,
wie es immer war
wie die früheren Zeiten,
die wir unnütz verstreichen ließen.

Die Geduld harrt in ihrer Ungeduld,
seit damals, o als du
die Frist versäumtest,
das war unvernünftig.

Die Zuversicht harrt in ihrer Verzweiflung,
seit deine Ahnen und Vorahnen
ihre Flügel stützten,
das war fahrlässig.

Die Zeit war da
du bautest das Nest nicht
du wobst Netze,
um den Bruder zu fangen
du wobst Netze,
und die Spinnen woben Netze,
um den Bruder zu fangen
du ahmtest Kain nach,
das war Verrat.

Heute wieder
strahlend drängt sich uns
das Jetzt entgegen
und vieler Gönner Segen
mit Lichtblick

auf ruhiges Nest.

So trau dich
hab Mut
widerstehe dem Hadern mit dem Bruder
lass das Schicksal nicht
an den Felsen der Unmut brechen
baue das Nest, hieße die Fahne
das tut uns gut.

Wien, September 2014

Selbstenteignung

Dein Gesicht
hast du verloren, und
ein Neues haben sie
dir gestrickt, wesenlos
des Düsters teilhaftig.

Dein Blick
schwand dahin, einen Neuen
setzte man dir in den Augapfel
nächtig, schreitet er
im Hinüberneigen
zum lichtlos Morgen.

Dein Denken
entfiel ungastlich deinen Sinnen, er
erfror in anderer
unausweichlichen Bestimmung,
die dir das Du,
das Du-Selbst
unwiederbringbar wegnahm.

Wien, September 2014

Der Weg

Zwischen uns der Weg
der war beladen. Womit?
Mit unseren Taten,
die sich uns auftaten.
Wohlweislich bewegten wir uns
aufeinander zu,
gegenpolig stießen wir uns ab.

Hinter uns der Weg,
der war gepflastert. Womit?
mit unseren Untaten,
die immer noch uns erdrücken
mit ihren Schatten.

Vor uns der Weg,
dort lauert die Nacht, das ahnen wir, sie
führt uns zur dämmrig Statt
Schlaf nicht ein!
Ich schlafe nicht ein,
du schläfst nicht ein,
wir schlafen nicht ein,
der Albdruck reitet auf unserem Blick,
unserem Blick auf Morgen.

Wien, September 2014

Gegenüberzeugung

Ob unserer Gedanken
schlugen sie Bäume
es fielen Bäume, sie wuchsen
zu Galgen, und
unsere Körper
schmückten sie.

Ob unserer Worte
schmolzen sie Metalle
es schmolzen Blei, Kupfer, Stahl
Allianzenbildung: Kugeln
mit Pulver unserer Tränen gefüllt
schossen unsere Stimme stumm.

Ob unserer Überzeugung
erfanden sie Folter: Körperfolter,
Seelenfolter, Würdefolter, Befleckung.
Es war ihnen nichts heilig,
sie hatten es nicht eilig
sie folterten und folterten
mit voller Gegen!Überzeugung.

Wien, September 2014

Der Baum

16 Frühlinge
hingen an deinem Baum
sie waren zart
du warst zart.

Bezug verloren
der Haltlosigkeit entboren
die Not.
Sie ist hinüber
die Son...ne
    Mut…ter
    hin…über.

Er ist im Geiste trüber
der Rau…sche
    Va…ter
    trü…ber
    Rauschevater.

Rutsch! Rutsch!
Du bist gerutscht
und sie sind gerutscht
über dich
auf dich
die Brav!Menschen
und es gefiel ihnen.

Richter! Richter!
Er waltet eifrig seines Amtes
er preist Gott
Gott ist in ihm
Gott ist um ihn

über ihm, und
unter ihm.
Richter, erteile dein Urteil
denn so will der Gott
dein Gott
euer Gott, er
trägt Turban
schwarz wie dein Herz
wie eure Herzen.

16 Frühlinge
hingen an deinem Baum
die waren zart
du warst zart
der Baum war auch zart, und nun
du hängst an dem Baum.

Wien, September 2014

*Gewidmet **Atefah Sahaaleh** (21. September 1987 - † 15. August 2004) Sie wurde von einem islamischen Richter in Mazendaran/Iran wegen „unkeuschen Verhaltens" zum Tode verurteilt und am 15. August 2004 hingerichtet, obwohl sie minderjährig war. Sie gestand das „unkeusche Verhalten", indem sie unter Folter zugab, mehrmals vergewaltigt worden zu sein.*

Iran als Unterzeichner des internationalen Pakts über bürgerliche und politische Rechte hat sich verpflichtet, keine Hinrichtungen an Minderjährige durchzuführen. Obwohl Atifas Vater auf die Minderjährigkeit seiner Tochter aufmerksam machte und die Geburtsurkunde seines Kindes dem Gericht übermittelte, musterte der Richter den Körper des Mädchens und erklärte sie für 22 Jahre alt und ließ sie (als 16 jähriges Kind) hinrichten.

Gedächtnisfenster

Gestalthaft
klebte mein Gedächtnis
an deinem Fenster,
    deinem Fenster
    zu meinem Gestern und Heute.

Es ist zu, das Fenster
ein fremdes Licht
fließt leise und schlicht
es ist blind, sieht aber rauschig zu
beschwörend Liebesgespenster.

Wach ist meine Sicht
sieht dich aber nicht
sie steht auf
sie tastet und tastet und tastet,
bis ihr das Sehfaden bricht
greift dich aber nicht.

Wien, September 2014

Tränenperlen

Perle.
Deine Perle
kullert abwärts
schwerelos in
deine Kehle
du kleines Mädchen
    kleiner Bub
    junge besorgte Mutter.

Perle.
Deine Perle
salzig
rinnt in weißen Spuren
über deine nicht,
nicht liebgeküsste,
nicht liebgeküsste Wangen
    du kleines Mädchen
    kleiner Bub.

Rot glitzern sie
deine Augen
schlaflos gräbt sich die Angst ein in
deine Augen
und harrt dort
    du kleines Mädchen
    kleiner Bub.

Und –
kalt
kalt gräbt sich,
warm
warm gräbt sich,

heiß
heiß gräbt sich
der Wut in mir. In meinem Herzen
will ich, ja ich will ihn
ihn stürzen von seinem Thron
diesen Gott, der sie
befehligt,
die schwarz vermummten
    schwarz beflaggten
    schwarz betenden
    schwarz denkenden
    schwarz fühlenden
    schwarz handelnden
    schwarz waltenden
Krieger Gottes.

Wien, September 1990

Zeitspektrum

Die Farbe der Zeit ist gelb
wie die GELBSUCHT
wie das SUCHTGELB
sie flog, sie flog um
die süchtigen Augen,
unsere Augen.

Die Farbe der Zeit ist rot
·wie der BLUTRAUSCH
und sie waren im BLUSCHRAUT
und wir waren im RAUSCHBLUT
ein Bausch
Gerinnsel
erfror in unserem Atemsplitter
zu ewigen Schlagabtausch.

Die Farbe der Zeit wird grün
wie der FRÜHLING,
es wird in uns weilen
das FRÜHGRÜN, und an
den Ästen unseres Atemzugs knospen.

In der Berührung, der Liebkosung
mit unseren Lungen
blühen sie zu einem Banner
unserem Banner,
unserem langersehnten Flügelschlagspanner.

Wien, September 2014

Gespinst

Freuden, die
Schlichten, die
Bitterzarten, die
herabfallen von dort
von Nirgends unbestimmtem,
nicht näher definiertem,

Freuden,
aus denen spinne ich
für dich.
spinnen wir
für uns etwas
etwas wie ein sanftes Glück
umsponnen
im des weiten Horizonts Gussstück.

Es ist verdient, gegönnt
        gekonnt
        nicht verpönt
        sein Ruf in alle Ohren dröhnt
        den Lidschlag
        unseres Sehnens bekrönt.

Die Freuden,
        die Schlichten
            die Bitterzarten
aus denen knüpfe ich
ein Lächeln in dein Herz,
ein Zartbitteres,
wir knüpfen
ein Hoch
in unsere Seelen

ein Oben,
das wächst zu Du
zu Ich,
zu Euch,
zu Wir allen,
das uns hervortritt.

Wien, September 2014

IS!IS

Es wuchs ein Berg in uns
zu einem Land,
das noch schlief.
Wohin träumt es uns?

Es floss ein Gewässer in uns
zu einem Strom,
der müde dahin zog.
Wohin schwemmt er uns?

Es rollte ein Donner in uns
zu einem Blitz,
der schmolz in die Wut Aller.
Wohin schleudert er uns?

In die Entgegnung des
alles umschlingenden Willens Gottes
in die Verwanderung ihrer
heiligen Schriften, ihrer
teuflischen Taten, die
die Erde vergiften.

Wien, September 2014

Psalmengarbe

Heutzutage
wie schon einst.
Hierzulande
dortzulande
aller Ort
in den Gebeten perlen sich
Fluch und Verdammnis
weiße Farbe
      graue Farbe
      schwarze Farbe reiben sich
        an ihre Fahne.

Rau dröhnen die Psalmen
geballt das Verderben
      mit Rosastich
        Grünstich
        Speistich drängen heraus
        fromm-kriminell
        kriminell-fromm
        das heilige Gebot des Krieges,
        das seit Urzeiten
        in ihre Seele glomm.

Die Kinder der Schrift
verschlingen das Wort -
wörtlich, verdorrt
unzerkaut speien sie sie
samt Gift und Feuergarbe
gebündelt geschleudert gegen
andere Kinder Gottes.

Auch Unscham
bringen sie als Gabe aus
dem Mutterleib, aus
der Leibmutter
sie scharren sich um den Altar
und bringen dem Gott die Gabe dar.

Wien, September 2014

Exodos

Und sie zogen durch Felder
über die Berge
barfuß -
Exodos.

Und er weinte, der Himmel
er weinte um die Kinder,
er weinte rot
er weinte Blut.

Und es schrien Felssplitter
mit den blutenden Füssen,
ihren Füssen,
den der Kurden.

Hetzjagd.
Und es knurrten die Mägen
zum Donner der Kanonen.

Hubschrauber schwirrten,
Heuschreckenschwarm,
sie warfen Blei
Futter, schwer im Magen.

Und sie stapften durch den Schnee
hinüber zu den anderen, die
sie auch nicht mochten,
sie davon jagen wollten.
Moses war da,
begleitete sie, die Kurden
er verwechselte sie
mit den Israeliten, die

durch die Wüste
nach Kenan zogen.

Wien, September 2014

Um!Woben

Aller Augen Silbe,
die fliegenden Worte
über die Gräber der noch nicht
Geborenen.

Die ausgesprochenen und
nicht ausgesprochenen Sätze,
die sich da im Gedächtnis niedersetzen.

Die Überlegungen, die nicht
überlegt wurden.

Die Gedanken, die ungedacht daher sprudeln,
sich an den Tag heften,
den Himmel widerspiegeln
im Grau, im Dunkel.

All das
umwoben im Denk!Netz,
harrt
im gelben Himmel,
in der Unsicht,
in Wiedersicht,
die sich breitet wider Sicht.

Wien, September 2014

Schwadengabe

Rauch. Rauch–
wege schlängeln sich
aus dem Tag heraus,
gebranntem Tag,
Rauchwege.

Bitter, verbrannt
das Brot,
Schwadengabe
mit in den Augen brennenden Tränen
Ausbund an den Wangen
mit Angst glühenden Blicken
latschen Kinder,
sie latschen
an den Händen gezerrt
durch Schutt und Stein
von Müttern gehetzt durch Angst.
Ihre Kinder,
unsere Kinder,
unsere Aller Kinder.

Versehrt. Versehrte Seelen
kehren in den Tag
und versehren Hunger und Tod.

Wien, Oktober 2014

Blut!Odeur

Finger.
Weg.
Finger weg!
Finger weg von
der Linienführung meiner Jahre
sie blühten Tage
schöne Tage
  Trauertage
  süße Tage
  bittre Tage,
die ich in meinem Blut trage.

Finger weg von
den Atemzügen meiner Wege.
Es waren fruchtbare Wege,
die meine Füße trugen
zu dir, die du
mit mir im Sinne verwoben.

Finger weg von
den zeitlosen Zeiten,
die nicht vergessen
Schmerz
und, die mit roter Tinte
in ihm geritzten Wunden.

Finger weg von
dem Blut, das
in die Erde brannte
es ist lebendige Glut
sie atmet, die Ewige, die
auf der Sonne schlafenden Augen

ruht.

Es ist Blut,
es soll unsere Erde tränken,
das Kesselfeuer
unserer Mohnblumen
aufbänken.
Komm, lass uns den Wein
unserer Tränen schwenken
das Odeur
aller edelsten Tropfen
kehrt in uns zurück.

Wien, Oktober 2014

Anfál

Am Ende war das Wort
es war Schlusswort
prophetisch, danach folgte keine
Botschaft mehr,
so sagte die Schrift
deren Schrift.

Ergebenheit,
des Wortes Sinngabe, deren Worte
Unterordnung,
die Bedingungslose Forderung, deren
Forderung.
Säbelklingen, Speerspitzen
boten das „Sonst".

Anfál!
Gezeichnet in der Dünne.
Rauer Wüstenwind
ereilt stürmisch, Sandkörner moralleer
ins Gesicht der Unterworfenen schleudernd.

Barfüßig
stapfte ein Mann die Wüste
schrieb das Wort Gottes mit Blut,
in Engelsgestalt
ritt er auf den Teufelsrücken
wollte Hab und Gut, Leib und Ehre
pflücken.
Deine honigfarbenen Augen Nazila,
die Sandkörner attackieren sie.
Deine staubgeküssten Haare
flattern wie die Prophetenfahne,

die weite Wüste
verschlingt irgendwo deinen Vater
in ihre Brüste,
deine Mutter befriedigt irgendwo
der Schrift Volk und seine Lüste
und Du, es ruft der Wind deinen Namen:
Kehr, kehr zurück du Nazila
auf den Schwingen deiner Blicke Flammen
in die Berge, woher deine Sehnsüchte stammen.

Nimm du aufrechter Mann
mit dem krummen Säbel,
nimm, was deine Hände tragen können
nimm, was deine Augen zu erhaschen vermögen,
nimm, was dir Gott zu nehmen befohlen hat,
denn dann, irgendwann
was hast du genommen,
die Beute, die du vom Gott gesegnet,
hast gewonnen
wirst du wieder erspeien
als Folter-Scheite, die aus
deinen Händen glommen.

Wien, Oktober 2014

*Anfál ist ein arabisches Wort, zugleich ein Sura im Koran und bedeutet
‚Kriegsbeute'. Hier erlaubt Allah Krieg gegen Ungläubige, und die Krieger
Gottes dürfen Beute machen, darunter auch die Menschen als Beute nehmen und
versklaven.*

Kobane

Säule,
Rauchsäule
von der Erde, eigener
Erde, Muttererde
nach oben ragend,
schwärzlich klaffend,
haucht in die Stadt -
Worte des Nichtseins.

Ballen,
Feuerballen
quer, fliegen sie
kreuz, gehen sie nieder
augenlos
hasten und ertasten sie
alles Zeichen, das Lebt
Bluthelles.

Bangen, Kummer
Hoffnungstrümer
gesunken im Schlummer
wachsen grenzwärts
den Leidenden, den Weinenden jenseits zu
das Lied der Gassen
die Atemreflexe der Straßen
mitsammen werden immer
stummer und stummer.
Panzerbarrikaden, deren Augen weißer Stern
umsäumt von weißem Sichelmond
auf roter Unehre
in Baumreihen
sperren Atemwege.

Das Schlachtfeld
mit Sternen gesät, die blinzeln.

die Götter
aufgegeben die Pflicht zur Hege:
die Seelen genarbt
doch gegen Gottesmaschinerie rege,
und kaum träge.
Die Heldenstadt.

Stumm,
     spricht darüber die Welt.
Taub,
     hört sie zu, dem Donnern jeder Mauer,
     die fällt.
Blind,
     filmt sie Leid,
          was das Zeug hält.
Sensationen reiten die Medien,
überbringen
den gottesfürchtigen Mördern,
den moralpredigenden Morallosen,
den Sich-Für-Zivilisiert-Haltenden Unzivilisierten
den Demokratie singenden Undemokraten
die Schande der Menschheit.

Wien, Oktober 2014

Gegengebet

Augenweit
folgen meine Gegengebete
deinen gellenden,
augenlosen Rufen o Du,
der du, so sagt man, bist:
allsehend, allgehend.

Die irdischen Geister
überladen deinen Geist o Du,
der du, so denkt man, bist:
allwissend, allfließend.

Unsere aller Psalmen
gemeißelt in Erden, die
qualmen,
betäuben deinen Lauscher o Du
der du, so hört man, bist:
allhörend, doch Glauben zerstörend.

Unser Schaffen, frohes Schaffen
verschandelt
durch deiner Krieger Schwerte ö Du
der du, so lernt man, bist:
allschaffend, doch durch deine schwarz
vermummten Engeln allstrafend.

Schwarzes Blut,
staubiges Blut, mit Pulver gesättigt,
mit Hass verdickt
schenkst du uns o Du,
der du, so wird's gezeigt, bist:
allschmachtend,

den Menschen mit Leid zufrachtend,
den Ohnmächtigen abschlachtend,
die Epidemie deiner Unseele
verbreitend.

Du Nichtmächtiger.

Wien, Oktober 2014

Selbsthader

Da. Stehe ich
„Ich" herüber, dort drüben
hier neben mir.

Das Tor. Das Augentor
hinaus zu dir ist offen,
hinüber zur dir
schwimme ich durch die Luft,
mein Kiemenhaus
flattert dir zu.

Das Tor. Das Herztor
hinaus zu dir, und hinein in mich, ist zu!
Zugesperrt,
für mich den Tor,
der ich dessen Flügel stütze.
Es ist zugesperrt,
flügeldicht
auch die Fenster.

Der Ratio Fenster
durchblickend, alles von dir
ins Licht.

Der Ratio Fenster,
in meines innigen Hauses Licht
durchfließt herüber,
zieht meine Begierde an,
und ich widerstrebend
alles abweisend.

In Hader lieg ich mit mir

kämpfe mit allem,
was in mir zusammenfließt
ich verwerfe mich
ich verwerfe dich
den Konzept unseres
UNS!

Ich bin zwei Hälften, die
Keine Einheit bilden,
jede schleppt hinterher
sein eigenes Ungefähres.

Wien, Oktober 2014

Fortgejagt in die Urerde

Da liegt es bestattet
das Wort hinterm Tag
der Stundenvorhang zieht sich zu
szenisch neigen wir mit
hinüber zum Nichtsein.

Der Grabstein
wacht über die Sätze
sie dürfen nicht weichen
in die Glottis,
nicht weichen aus der Tiefe,
aus dem Lehm
nicht formen die Botschaft.

Stimme.

Wach auf! Stimme,
Wachet auf! Stimmen.
Sei wach
gesprengtes Grabmal.

Spukhaft wirrt
spukhaft sirrt das ewige Wort
in die ruhelos, lautlos
schreckhaft, nimmer groß
kleinlaut, bis zum nichtvorhandenen Hirnsubstanz
bloßen Großgeister.

Da steht es
das Kindwort, das Enkelkindwort
es schwirrt des Zu-Sagenden Keule, die Wahre
über des Tatbestands Ort

klopft aus ihnen, den Tätern
den Tätigen Mördern,
die mit dem Urwort
bestattete Antwort.

Sofort! Hinfort! Hinwort!
mit dir, mit euch, mit euren
von Blindheit gezäumten Augen,
von Stummheit betäubten Mündern,
von Taubheit befallenen Oren.

Zur Urerde der Wortstätte.

Wien, Oktober 2014

Zeitwind

Der Wind,
zeitbeladen, hat dein Gesicht geritzt
in den Fluss der Sätze,
die flossen zu dir
aus mir.
Geritzt
dein Gesicht.

Deine Augen
Augen! Deine.
darin glühen
die nicht ausgesprochenen
Gefühle, die Ungeweinten
zu den ewig Wartenden.

Auf deiner Seele
tänzelt der Schlagschatten
der Tage, die unerbittlich
an uns haften.

Geritzt.
Dein Vollmondgesicht
in das Damals
zerleuchtend den schmalen Weg zum Jetzt,
dem Unsrigen.

Wien, Oktober 2014

Lautloses Klangwerk

Es klingt schon lange
die Hymne der Ahnen, kehlig
strömt Lava gleich, wählig
unterem steinernen Ohren,
fremden Ohren.

Das Klangwerk
in Tonkies überzählig
dröhnt aus den Mund-Laut-Sprechern,
dröhnt die Geister und die Sinne.

Ungeweintes,
nicht ausgeweinte Laute
hallen auf den Schwingen
des ewigen Windes Flaute
reiten waghalsig
in die Felswende der Heimat,
in die bleierne Grenzmauer,
am Schreibtisch Gezogene,
verpackt in der Sehnsucht
voller Traute.

Wien, November 2014

Hier und Jetzt

Äther,
fliegender Duft,
der deinen Atem ankündet.
Ursinn, der mein Sein
im Lichtwisper
deines Blickes Wesen
ergründet.

Wehe herüber,
ziehe tief in meinen Augenblick
ziehe in meine Augen! Blick
in die Tiefe
meiner himmelüberströmten Erde,
wo brodelt
sternenbestäubte Fährde,
die unseres Weilens
in unseren geglaubten Frohgebärde.

Das Auge silberblind
rastend in der Kette
deines Schweigens
zerschellt im steinernen Erwachen,
zerstreut ins Dahinrauschen
der Nimmerkehr Wind,
weinend das Seelekind
legt sich zum Schlaf geschwind
schlummert in der Trauer lind.

Äther empfange ich, Äther
enthauche ich ins Entsinnen
versprüht zu Fernpolen, zu fernen Polen.
zwischen Uns,

zwischen Dir und Dir,
Mir und Mir
Dir und Mir
Mir und Dir
Silbenwolken
sickern ins Hier und Jetzt.

Wien, November 2014

Ich!Dentität

‚Ich' sei ich, sagt man mir
wir alle sind selbst, hören wir es sagen
erdhaft, eigenständig,
mündig, grundständig.
Bin ich es? Sind wir es?

‚Ich' bin, stelle ich fest,
eine Landschaft
an der Grenze zwischen
‚Ich' und meiner Seins Intensität
bevölkert von
diversen
perversen
KONVERSEN, welch befangen in
inversen
Moralsätzen
gottesfürchtig Gut!Geglaubtes predigen.

KONVERSEN, welch in
reversen Denkspiegelbildern
sich wiederfinden, um
um Gottes Lohn zu schuften
verbannt aus der Klausur und
dem täglichen Kapitel.

KONVERSEN, welch unentwegt
vorwärts, seitwärts, rückwärts
aufwärts, abwärts, allwärts
herumspringen im allsuggerierten
sozialen Sumpf.

‚Ich' bin Ich

‚Ich' bin du, ich bin er, ich bin sie
‚ich' bin Ihr, ich bin Sie und sie
‚ich' bin wir, ich bin Alles und Alle.

Dröge fallen symptomhafte Strukturen
meines Handelns aus meiner Ordnung
Befremdung, aufgefasst
in konservierter Einsamkeit
serviert auf ewig verfaulter Vielsamkeit
expandiert apokalyptisch
inwärts in mein Ganzes.

Ich!Dividuum.
Es befällt mich biedersinnig
das Wesentliche ohne
klares Wesen,
das Wesen, es reitet mich in die Auflösung
meines abgegriffenen Ich.

Meine Maske, Eure Maske, Ihre Maske
die Polierte, die Kaschierte,
die künstlich Optimierte
korrodiert dahin
in der eigenen Fremdheit
meiner Seienswelten.

In der HAI!Mat Ausländer
In der AUS!Welt Auswelter
Eingang suchend in die Inn!Welt
Nirgends Innwelter, so
Verbannt in die Nirgendswelt.

Alles rebelliert in mir, doch
ich ersticke mit Allem in der Passivität

des gesellschaftlichen Dahinlebens.

Wir sind wir, ausgebildet
das bedeutet Aus! Mit der Bildung.
Als Kind hatten wir Potenz!Ial
im Fließbach der Erziehung
degradiert in die soziale Impotenz,
impotenz-sozial.

Abgestumpft radikal
geteilt in Parteien: Partei, Pars, Partis
Ideen: Ideologien
abgelagert im Geiste glazial
Kopfwandler zwischen den Glauben
Rabiat, brachial.

Ich!Dividuum
das ist meine Ich!Dentität
das ist unsere Wir!Dentität.

Bad Aussee, November 2014

I can't breathe

Ich kann nicht atmen!
Bekomme keine Luft,
die Leichte,
zu der ich mein Leben beichte.

Steinerner Griff, Weißer
staut den Fluss
stämmig der Hass, und er ist hai!weiß
und er sitzt auf meiner Brust
und es fließt kein Atem durch die Lungen
und ich schreie lautlos:
„I can't breathe"
„I can't breathe".

In den Schwitzkasten genommen
immer fester und enger
der Geist weicht dem Körper
Licht,
Wärme, du
Der Gewichene.

Getrennt von mir
in der Schwebe, sehe
meinen Körper erdhaft regungslos
schwarzgeschwitzt,
blaureinschauend
in weißen Augen.
NYPD
Buchstaben, meine Totenbahre
sie tragen mich
ohne Gewicht
in das Licht

das Wahre.

Wien, Dezember 2014

Dieses Gedicht ist Eric Garner, dem 43 jährigen Afro-Amerikaner gewidmet, der im Juli 2014 von einem weißen Polizisten in New York zur Tode gewürgt worden ist. Der Polizist wurde nicht angeklagt.

NYPD: New York City Police Department

Taube Wünsche

Die Unerwünschten!
Wünsche des
nimmer wünschenswerten
Wunsch!Erfüllers
Lassen zu wünschen übrig.

Glücksbringer,
Glücksstifter
flattern elfenmäßig
um dein linkes Aug,
dein rechtes Aug.

Du, vom Pech Verfolgte
verfolge das Geschick
wirf den Lasso deiner Träume hin
ziehe es ans Land
des Unglücks Gegenstück.

Das Glück.
Ein scheuer Schmetterling
scheut der Sehnsucht Trubel
lass ihn dich umflatterten,
irgendwann landet zahm auf dir
und wird in dir zum Keimling,
der gedeiht in dir zum greifbaren Sämling.

Wien, Dezember 2014

Stimmen aus dem Zwangsbordell Gottes

Brüchig sind sie
ihre Stimmen, sie scheinen
aus der Ferne zu hallen,
in die Tiefe
dem Gott zugefallen.
Und Gott, im Rausch seiner Macht
umfallen in die ewige Nacht,
aus der er nimmer wacht.

Wessen Stimmen!
Wehen bunt-blass daher?
Wessen Töne!
Mühen sich heraus so sehr?
Beladen mit Schmerzenslast schwer,
doch dringen nicht
in die mit Blei gefüllten Ohren mehr?

Es sind seine Stimmen,
die des Mannes, der verlor Hab und Gut,
der sah des Kindes Blut,
das floss,
das glühte zur Trauerglut.
IM JIHAD'S ENTBRANNTEN WUT.

Es sind ihre Stimmen,
die der Frau, die zur Hure Gottes abgestraft,
verrichtet den Gottesdienst schauderhaft
seelisch gefallen
in letzter heiliger Glaubensschlacht.
IN JIHADS SCHWINDENDER DAUERKRAFT.

Es sind ihre Stimmen,
die der betenden Meute
erigiert stürzend auf die Massenbeute
in der Moschee,
dem heiligen Bordell des Heute.
DAS IST JIHAD,
DER KAMPF DER GOTTESLEUTE.

Wien, Januar 2015

Das Werk

Es war ihr Werk,
das des Verderbens.
Du warst ihre lenkende Hand,
Du Allprächtige.

Es war ihr Werk,
das des Verderbens.
Du warst ihr treibendes Flüstern,
denn sie folgten, gehorchten
wie der Hund dem Herrchen.

Es waren ihre Hände,
die schlugen und schlugen,
deine Augen, die Du nicht hast,
blind wie die Schläge,
die sie verteilten.

Es waren ihre Tritte,
die schwangen ins Gesicht,
sein Gesicht, das des Gefangenen
und du spürtest den Schmerz nicht,
seinen Schmerz,
er aber doch.

Schreie, seine Schreie
der Pöbel sie
aus seiner Tiefe befreie
ungezählt, viel an die Zahl,
Gestiegene
in den Himmel
waren bloß verkannte Seelenschimmel,
sie wurden nicht gehört,

nicht von denen, den Schlägern,
nicht von Dir o Du
der Gehörlose.

Sie schlugen und schlugen, sie
traten und traten, sie
zerrten Leib, noch hauchend Geist, sie
quälten Geist, pulsierend Angst.

Starr vor Schreck
mit schwarzem Sack über den Kopf
da Liegst du auf der Erde
dein Gesicht küsst den Boden
dein Atem hebt und senkt deinen Rücken,
Blei fliegt dir zu
Salven, und Salven, und Salven
und dein Rücken,
er hebt und senkt sich nicht mehr.

Wien, Februar 2015

Zeitschatten

Den Schatten.
Den, den Scahtt-, den Schatten
meiner dahin leidenden Zeit
vernahm ich schon
vor meinem Sein.

Der Schatten.
Nacht gleich
zog er,
zog über das Unsein
meiner Tage, und die gebaren
      keine Stunden,
      keine Minuten, und
      keine Sekunden.

Der Schatten.
Laublos, trug er Windblätter.
Lauflos, rollte er
      in die Spur
      des verlorenen,
            entschwundenen,
                 aschfahl fallenden
                    Glücks.
Lautlos, ertönte das geistvolle Licht,
in dessen Schatten
geschah ‚Ich‘ in die Gegenwart.

Der Name, der mir gegeben.
Er kontrastierete mich
mit meinem vermeintlichen Schöpfer,
der mich nicht schuf, ich ihn wohl aber.
Mein Name hatte einen Namen,

er lag mir schwer
im Gewissen,
schattenlos schwand er
mit dem Schatten dahin
ins Leidliche,
ins Leidende aller Freuden.

Wien, Mai 2015

Die atemlose Braut

Die bunt
breit auf die Gesichter gezeichneten,
unverkannt trügerischen
Lidschlagen und Augenschweigen
im Schatten
der fahl gefallenen Lichter.

Hierzulande,
allerorts,
allzeit Seiende.

Himmelfern,
seelennah,
Bibi Aisha.

Das Atemtor, verstümmelt
wirft Schatten
der Täter ab,
haucht
Geruch des Tatorts aus.

Die Ohrmuschel, amputiert.
Die Stille laut,
widerspiegelt
den Klang der Tat.

Bibi Aisha.

Verheilt, das Sichtbare
das Zeitgesicht,
und die Lust,
durch

Nächstenliebe
und des Menschen heilende Kunst.

Inwendig doch narbig
der Gefühlscode
blutig farbig,
seelisch angefachte,
brennende Feuergarbe.

Bibi Aisha.

Gebenedeit seist du, und
deine Mut, und
deine Anmut
vermaledeit seien deine Peiniger, und
ihre Brut.

Bibi Aisha.
Afghanische Braut.

Wien, Mai 2015

Gewidmet dem jungen afghanischen Mädchen Bibi Aisha, das im Alter von 16 Jahren mit einem älteren Mann zwangsverheiratet worden war. Dessen Familie hatte das Mädchen misshandelt und gequält, bis sie schließlich flüchtete. Ihr Ehemann fand sie wieder und schnitt ihr aus Rache die Nase und die Ohren. Blutend ließ er seine Frau zum Sterben zurück. Leute fanden sie fast leblos und brachten sie ins Spital.

Zyklus

Trübweiße Flecken
am dunklen Himmel.

Regen!
Bogen!
nicht farbenfroh, doch farbenfreudig
tanzt mit
sprossenden Lichterhalmen.

Symmetrie,
Symbiose,
kuriose, lautlose Getose
des Sich-Erhellens
bleicht sich den Weg in die
Dämmerung.

Diese
kraftlos funkelnden Augen der Nacht,
die in den Sarg der Widerkehr verleuchten.

Hier.
Hier beginnt alles,
der Herzschlag, ein langsamer Zeitverlauf,
hier beginnt alles.

Hier verläuft alles,
der Zyklus der
Atemmomente
hier verläuft alles.

Hier kreist alles,
das Erstmals-Erblicken-Des-Lichts

in immer wiederkehrender
Wiederkehr
in Dort,
das Dort ist das Hier
Universums aufgeklapptes Visier.

Wien, Mai 2015

Entwerden

Das Entwerden,
die Leerung des Herzens vom
Nichtgöttlichen.

Seelenzustände
überkommen mich,
ich entwerde Dir, und Ihm
ich entwerde meinem Ich in Dir,
in Uns und Ihnen
im Schmerz der Schmerzlosen
im Recht der Rechtlosen.

Es blühen
Lieder aus der Ödnis der Seelen, ein
bunter Reigen der Worte,
die Neuerfundenen ,
deren Schatten verschwindet
in der Sonne,
deren Tränen gehen im Meer auf.

Des Leidens Meer.

Entworden in Euch, verschmolzen in
Eurer Hymne
bestehe ich weiter
in eurem Kreislauf.

Wien, Juni 2015

Strick

Variantenreich,
Geflochtenes, Gedrehtes.

Als Kind spielte ich damit
Seilspringen.

Das Seil.

Die Nachbarkinder
bauten damit Schaukel.

Der Schnur.

Meine Mutter
spannte ihn zur Wäscheleine, daran
flatterten unserer Ahnen –
                    Fahnen.

Die Leine.

Als Jugendliche
maß ich mit ihm meine Kräfte
beim Tauziehen,
zum Klätern diente er mir auch
beim Bergstein.

Der Strick.
Spaß,
Abenteuer,
Adrenalin perlten sich an ihm
Zur Kette.

Als Erwachsener,
als ich begann, Meinung zu haben,
als ich an eine Idee glaubte,
als ich von Gerechtigkeit überzeugt war,
als ich für diese Gerechtigkeit kämpfte.
Als ich die Ungerechten kritisierte,
formten sie aus ihm
eine Schlinge,
sie legten sie um meinen Hals, und
sie hängten mich damit
an einem Galgen auf.

Der Strick.

Wien, Juni 2015

Augenblick und Richtung

Den Augenblick wählen,
und die Richtung.

Der Entschluss
dem Unwillen ausgesetzt.

So laufen wir durch den Tag, durch
die Nacht, und
durch das Wirrnis des Sich-Verlaufens,
wir springen fort
dort, wo sie uns haben wollen.

Der Zugang, das Tor, die Pforte
zu ihrer Macht
waren wir, sind
und bleiben wir,
wir sprechen ihre Worte.

Gebrochene Flügel,
die ewig Federlose
sind uns zugewachsen,
sie trugen uns nicht,
kein Entfliehen.

Schweigsame Münder,
Schweigsame,
gebaren
grausame Worte,
Grausame.

Blinde Augen,
Blinde

sahen
verkehrte Schmerzen,
Verkehrte, die Ihrige.

Die Schlucht ihrer
Denkstätte.

Wien, Juni 2015

Die nahe Fremde

Abgehoben
in die Lüfte, in die
Düfte zerstreut
der Ruf der Ferne.

Die Fremde. Fremdmütig
reitet auf der Sinne
das Sehnen, aber nicht
fremdartig.

Sprachgewirr
füllt den Raum,
Flieger brummt
Laute fliegen,
die eigenen Gedanken
höre ich kaum.

Rauschhafte Stimmung, die
fing ich ein,
verloren in ihr
ziehe ich in die Weite,
in andere Zeit;
an anderem Ort
bald werde ich sein.

Über München nach Jerusalem, Juli 2015

Mauer der Öffnung

Mauer an Mauer.
Unten zu Oben,
an der Wand der Annäherung
da Abraham,
dort Ismael,
begegnen sich die Gebete wieder.

Die Geister der Ahnen
zwischen den Olivenbäumen
tanzen um die Menora,
die Seelen der Erben
um die Feigenbäume
Fichtenbäume,
Fichtenzapfen
besingen Olivenfrüchte.

Da, flüstern Kippa und Judenhut
ins Ohr der weinenden Mauer.
Dort, geben die Betenden
den heraufsteigenden Klagen
den Segen Gottes,
deren beider Gott.

Auf und ab
wandeln die Rufgebete, die
nicht gehört wurden.
Werden nicht gehört, die Rufe
zum Frieden, sie schallen gegen
die Mauer
sie hallen in die Dauer
des ewigen Zwistes.

Mishkan
verwehrt dem Gott
den Zutritt,
Mihrab
gewährt ihm Asyl.

Masdschad
Trachtet dem Jehwa nach.
Shechina ruft ihn
Wieder zu sich.

Ewige Parabel
am Berg des Einen Gottes
des Einzigen
mit drei Tempeln.

Jerusalem - Westwand, Juli 2015

Yad Vashem (יד ושם)

Namen
ins Gedächtnis gemeißelt,
Denkmal und Name
Fundament aus Asche
meiner Schwestern,
meiner Brüder,
meiner, ihrer und unserer Eltern
„ihnen allen errichtet –
in diesem Haus und in diesen Mauern"

Grabeskälte strömt aus,
erfrorenes Schluchzen von Kindern
dem Ghetto entwichen,
des Bruders
dahin verstummendem Hunger
will die Schwester das Entsetzen in den Augen
wachrütteln.

In Lodz
klirrten Töpfe – Essnapf und Erbstück
denn sie haben nicht den Löffel,
sondern den Topf abgegeben,
die auf Magerkur hinübergingen.

Fünf Kerzen
weinen Tränen,
quellen über – und erstarren
zur Erinnerung,
Erinnerung an Leid.

Fünf Kerzen

leuchten zum Sternenhimmel
Jeder Stern – Ein Kind,
eine Seele, erloschen
vor den Augen Gottes, der –
so sagt man – „Alles sieht".

Ich sah ihn dort, den Fuhrman
aus der Muranowska Straße –
die Karren hinter sich ziehend,
rank und schlank
liegt drauf die geliebte Frau,
sie schläft dem Himmel entgegen.

Er zieht sie hinter sich her,
die Karre und die Frau
Yossale – Das Kindle
Schiebt hinter ihm hin.

Feierabend
hat die Erde heute,
sie nimmt keine Leichen auf
dafür ist die Tasche Ghetto-Insassen leer
so sehr
auch der Fuhrmann
bettelt hin und her.

Ich sehe ihn hier, Celan
mit seiner Todesfuge
allgegenwärtig – in dieser
ewigen Gedenkbahn.

Ich sehe die „Schwarze Milch der Frühe",
ich sehe Gestalten, die „gruben und gruben",
und jetzt noch

innerhalb diesen Mauern
„graben und graben".

In Demut, gedenken wir ihrer,
der Namenslosen und
der Namhaften,
der Aschenberge, die sie
kollektiv hervorbrachten,
der Gönner und Helfer, die unentwegt
in die Todesfalle tappten.

Jerusalem, Juli 2015

Sternenkinder

Nächtens,
da die Sonne gewandert
hinter ihren Wendekreis,
der Schleier gefallen,
knospt der Himmel Sterne,
Sternehaufen.

Sterneninseln
darin wohnen
die Schimmer eurer Augen
Ihr die Geplagten! Die Kinder
hinter dem Horizont,
unter der Himmelsnot,
wo der Gottesstaat
beschert euch den heiligen Tod.

Wer webt nun für euch
aus den Flackern der Knospen
Hoffnung für den nächsten Tag?

Wien, August 2015

Übernächtigte Worte

Das erste Wort,
das dich anmachte,
es liegt begraben,
tief begraben
in der überirdischen
Erde.

Die Macht!
Die des Gottes.
Des Gottes Gemächt.

Der letzte Ruf,
der deine Seele behauchte,
es lauert seit Tausenden von Jahren
übernächtig.

Zu welchem Behuf?

Eine Handvoll müde Worte,
die dich abholen
        wollen.
Ein Bündel irre Taten,
die dich wegrollen
        tollen.
Doch du stirbst nicht ….. aus,
doch sie sterben ….. aus

Wien, August 2015

Gottesstaat

Taten
taten
sich uns auf
in Splitter schleudernden
Granaten.

Ratten
raten
uns, die unfrommen Satansbraten
zum Rückkehr zum Pfad
der Gottesgnaden.

Gnade.
Des Herrn Gnade
Irrte sich
auf krummen Pfaden, wo
Unerbarmen
bar jeder Gestade.

Im Gottesstaat
harrt
die Not am größten,
Not und Tod am nächsten.
Und die Gotteshilfe gar versagt.

Wien, August 2015

Veraschtes Herz

Blank ist
der Blick auf deinem Weg.

Zwei Hügel
auf deiner Brust
sanft erhaben,
matt schmiegt sich dazwischen
eine Sonne an dich,
die nicht von unserer Galaxie.

Ein Bündel Flämmchen
bricht aus deinem Atem hervor,
lässt die Hügel beben,
es ist nicht schimmernd, nicht glatt und
strahlt keine Zuversicht.

Ein neues Wortfunken
glimmt,
dein veraschtes Herz
zündet es an.

Sonnenwort,
das glüht, das flammt,
        das leuchtet,
            das peitscht
das Menschliche und die Menschlichkeit.

Wien, August 2015

Hellenica

Eine Zeltstadt
klein wie dein linkes Aug,
voll wie dein rechtes Aug,
voller Frust.

Ein von eurem Weg,
dem Zurückgelegten
verwehtes Zeichen
niedergesetzt
auf deiner Seele,
zugeschnitten auf euren Leib,
Blut, Fluch und Flucht
gelandet mit euch in der Bucht,
Seele und Leib bedeckt mit Staub,
vieler Augen blind, vieler Ohren taub
gegenüber Mord und Raub
in eurer einst heilen Welt.

Weiß sind deine Haare,
mit acht Jahren
buntbetuchtes Mädchen;
weiß sind deine Haare,
die Gefärbten, staubgetreu.

Gelandet, Buntes
aus aller Herren Ländern
in der Zeltstadt,
im Mutterland verloren
Haus,
Hab und Gut,
Hof, Heimat und
in KOS – Strandpromenade,

reges Treiben,
zu Land und zu Wasser
Wäschen zieren Palmen,
Hunger
nagt an ihren Mägen,
Polizeistock
Küsst ihre Knochen.

HELLENICA grüßt EUROPA,
„Geistlos verkümmert bist Du Europa" bereits,
wie Grass dir schon bezeugte,
barer Seele.

Und Menschen!Würde
ist hier auch nicht
auseinander geschrieben.

Wien, August 2015

Bemerkung: „Geistlos verkümmert ….." – Anlehnung an Günter Grass Gedicht
„Europas Schande"

Vater-/Kindgeist

Als du Säugling warst,
hörtest du meine Stimme,
die war dir vertraut wie dein
Däumchen, an dem du
Schon im Mutterleib nuckeltest.

Ich sprach mit dir unentwegt,
und du hörtest mir aufmerksam zu,
wandtest mir deine Augen zu,
in denen deine ungewisse Welt
versteckt war.

Als du Baby warst,
redete ich mit dir unentwegt,
lehrte dich das Babeln.
Das Urwort: „Die Liebe",
das gab ich dir.   `

Als deine zarten Beine dich
schleppen konnten,
meine Herzenswärme, mein
Sprachsinn
zogen dich zu mir,
da krabbeltest du mir zu,
hieltest du dich an meinen Daumen und
warfst du dich
in meine Arme.
Wenn du krank warst,
lehntest du deinen Kopf
an meine Brust.
der Schlag meines Herzen
synchronisierte sich

mit dem Deinen, er linderte
deinen Schmerz.

Als du Baby warst,
redete ich mit dir unentwegt,
brachte dir das Sprechen bei,
deine ersten Worte und
              Sätze
nahm ich auf
für die Ewigkeit.

In deinem Fünften
habe ich dir
Radfahren beigebracht. Das war
deine größte kindliche Freude.

Schon im Kindergarten
habe ich dich
Schreiben und Lesen gelehrt, und
mit deinem Können
hast du andere
in Staunen versetzt.

Als du erwachsen warst,
brachte ich dir das Autofahren bei.

Das waren
die schönsten Stationen
meines Vaterseins.

Im Gegenzug
hast du mich viel gelehrt,
reifer, weiser hast du mich gemacht
in meiner Person,

in meinem Menschsein,
was in dich zurückkehrt.

Geduld hast du
in mich eingeimpft
mit deinem Wesenswert.

Meine Liebe
hast du verstärkt,
nicht nur für dich, sondern
für alles und alle im Leben,
was in uns beiden
ewig währt.

Wien September 2015

Ein Stapel Unleben

Dämmrig
strahlt die Sonne herab,
Lichterspeere im Regenfall
daher rasen
in die Augen's
kraftlose Schlafphasen.

Ihre Augen, schlafüberlaufen
zitieren
des Marsches Fluchtphrasen.

Ihr Augenlosen,
    Rastlosen,
    Schlaflosen,
    zielklar verweilt Ihr
    in düsteren gelobten Prognosen.

Der Weg liest euch
inwendig, Ihr Zugseelen

er lässt euch zu Sätzen verwachsen,
deren Worte bluten.

Die Erde trägt euch
und euer Leiden
in Etappen zielgerade
zum gelobten Land.

Das Meer
Schaukelt euch
und eure Sorgen;
eure Sorgen vereint in Wogen

drücken Mensch und Boot
tief in driftigen Sogen,
wo viele vor euch
schlafend verborgen.

Räder rollen,
zeichnen Etappen in den Asphalt,
rasen durchs Land und grollen.
Käfig, blechern
luftdicht umschließt
Leib und Leben, die
dem Tod übergeben
und ihrer Hoffnungen Seelen
daneben.

Ihre Schreie
dringen nicht hinaus,
verklungen
eilen dem Tod voraus.

Einundsiebzig
multipliziert mit Luft
ergibt Einundsiebzig Nullen,
leere Ansammlung von früher Gelebten,
Schlagzahl ihrer Herzen
auf Nullgefälle fetzen
kehrt in die ewige Zukunft
befreit von Qual und Schmerzen.
Massengrab
auf vier Rädern
rollt durch den Tag,
    durch die Nacht,
    durch den Mittag und den Abend,
ein Stapel lebloser Menschen

in das gelobte Land,
in die Freiheit verbracht.

In der Freiheit gestorben,
für die Freiheit
eine Unterkunft in der Tiefe
erworben.

Wien, September 2015

Homo, Humanus, Humanitas

Deine sexuelle Orientierung
interessiert mich nicht
und auch dein Geschlecht,
das sind die dir gegebene Sinngebung,
deine Prägung wie du echt.

Deine Religion und dein Gottbezug
interessieren mich nicht
und auch deine Überzeugung,
ob sie dir angehaftet von der Geburt
oder angeeignet
durch deine gedanklichen Sinndeutung.

Deine Hautfarbe und ihre Nuancen
interessieren mich nicht
und auch deine Herkunft,
denn von beiden hat jede eine
so sind wir alle bunt.

All das gehören zu dir, und
die schätze ich sehr,
sie sind dein Seins Fluidum
dein Flair,
welch uns ausmacht,
wer wir sind
in ewiger Wiederkehr.

Was ich sehe, sind dein
Menschsein
und deine Menschlichkeit,
die uns vereinen
in Würde und Würdigkeit.

Du bist meine Freundin, mein Freund
meine Schwester, mein Bruder
meine Mutter, mein Vater
meine Tochter, mein Sohn.

Wien, September 2015

Salzatem

Gestrandet,
helllicht am Tag,
getragen auf der Wellen Schwingen,
die Schlinge des Meers um den Hals
lag es da
küssend den weißen Sand.

Herb blickst du in die
Welt hinaus, blickloses Du.
Kalter Blick,
energieloses Du,
losgesagt von deinen Eltern,
nach salziger Luft schnappen
wolltest du,
atemloses Du.

Sie liegen da unten
im Schlummer, dem Ewigen,
Du, die graue Menschlichkeit
an die Küste gespült,
in zwei weinende Arme,
die dich dem Gott
entgegen hoben.

Wien, September 2015

Die Furchtbahn

Furcht.
Unbezwingend sitzt
in ihnen, in
ihren Herzen, in
den ihren Leib bedeckten
staubigen Fetzen.

Ihre Furcht
entzieht ihrem Mut
die Luft
zum Atmen,
in ihnen erglüht
der Wut.

Die Wut.
Sie fließt in Lava-Flut,
des Hasses Urstätte und Brut,
welch zerkocht
das zäh fließende Blut.

Der Hass.
Kokon unendlichen Leidens,
aus dem schlüpfen
Kriege
ungeahnten Ausmaßes,
welch zwischen
Gut und Böse
Nicht unterscheiden.

Wien, Oktober 2015

Vom Glauben berauscht

Trink!
Trink ihn.
Trink ihn zuneige,
den,
den Wein,
den Wein deiner
dir bestimmten Ankerlosigkeit; der
Nirgendszugehörigkeit.

Sie schaukeln dich,
die Wogen
deines
Loses,
das dir fünfmal am Tag
im Gottesnamen
in seiner
gedröhnten Worttropfen
zum Trinken verabreicht wird.

Du glaubst daran
blindlings,
davon lebtest du dein
ganzes Leben lang.

Nun,
nehmen der Gott und sein
gottesfürchtiger Kalif
und seine ergebenen Heuschrecken
deine Frau,
deine Töchter und
deine Schwestern
als gottesdienliche Kurtisanen,

Gottesdirnen
für berauschte Erotomanen,
so hast du o Herr
deinem Propheten
einst zu handeln befohlen,
so handeln heute
seine frommen Männer,
die seinen Weg
des Glaubens an dich
widerholen.

Wien, Oktober 2015

PEG!IDA

Plural,
pauschal verdammend,
Hurra-Patrioten,
total(itär), allge(waltig),
ihr Gefühlskessel
läuft mit Hasstiraden über,
mit Stumpfsinn
Geister verschrammend.

Europäer,
nicht von Stamme
Agenor und Telephassa.
Europa
die Tochter Asiens
lieh ihnen ihr Namen.
Patriotische Europäer nennen sie sich,
machen Jagd aber
auf die Kinder Europas,
um sie aus Europa
zu verjagen.

Das Abendland
beschützen
wollen sie
vor
dem Glauben Abrahams,
auch der Vater ihres Glaubens.
Geschwister,
Gebrüder,
nebeneinandergeworfen
auf einen Urheber
heruntergebrochen,

der ihnen allen
dasselbe Wort
zugesprochen.

Marschrouten,
in die Hetzpilger
in Scharren fluten,
aus dem Bunker hergeholten
Stimmenrekruten
wehren ab
verbannte, verjagte,
hausniedergebrannte,
von Hunger, Kälte und Elend geplagte
heimatverlorene, heimatsuchende
zum Sterben auserkorene, in ihrer Seele blutende
Menschen,
denen ihr Menschsein
abhanden gekommen ist.

Wien, Oktober 2015

Die Asche deiner Träume

Dein Aug
zergeht ins Grau
des Meinigen, das weinte
für Dich.

Es schauerten die Tränen,
sie wuchsen zum Teich,
in dem deine Stimme
schwammen.

Kling herüber, o Du Ruf
der Verscheuchten!
Lass dich hören,
weiche nicht zurück,
kehre zum Urgeist,
der dich erschuf.

Damals.
Am Tag deines Hinübergehens
habe ich dich geküsst
auf der Rechten,
auf der Linken.

Deine waren rot angelaufen,
Glitzertau,
perlengleich umringten zuhaufen
rosigen Knochenhügeln,
Glitzertau,
der aus der Asche des Feuertaufens
wieder ins Tau-Meer
des Lebens wollten auftauchen.

Wien, Oktober 2015

Gerede in der Wende

Lippenschweres,
klangleeres
Buntgerede
unter den wieder
und wieder
halbgekauten Worten.

Lastträger: Tonbeladene
Scharfzungen,
die Nichtigen,
die Nichtenden
im Wesen
des Seienden schützende
Eskorten.

Bleischwer
in den Worten,
Flüsterflügel - die Lippen
tragen die Last
stöhnender Verse
aus dem unheiligen Nichts,
das Nichtige,
das Nichtende,
das Nichtssagende,
bahnen sich in des
Wesens lauten Kontroversen.

Kehlig das Mahnmal,
das Auf- und Abwandernde
schweigsam und stumm
bringt es hervor,
wie viel die anderen

vor ihnen
tranken - von den bitteren Muttermilchen,
was sie aßen, wie sie schliefen, und
was sie spürten, wie sie
beteten und um die
göttliche Gnade baten.

Ihre Lungen, die Luftbahnen
zum Himmelwort,
das nach dem Erdfall Ab- und Ausebbende,
weich und luftlos
atmet aus, was
die anderen nach ihnen
trinken von den sauren Weinen,
was sie essen,
was sie spüren,
wie sie schlafen, wie sie beten und
um die göttliche Gnade bitten.

Die Kehle bringt es hervor.
Die Lunge atmet es aus.
Wie du, und Ihr und wir selbst
aus der göttlichen Gnade gefallen,
in die Gräber seiner Gräber,
die für uns graben,
überschallig hallen.

Wien, Oktober 2015

Schwund der vier Kleeblätter

Die Hand gestreckt,
du abhangschiefer Weg
deiner Taten.

Du Schlepper,
an der Hand zehrend
hast du geschleppt
den Ahnungslosen, die
Unschuld,
am hell-, am helllicht,
am helllichten Tag,
in der Menge,
aus der Menge.

Gepflückt
hast du
einen Klee,
den Zarten,
den Grünen,
den Vierblättrigen.

Zwei Welten:

Mohamed!
Auf der Flucht ins
sichere Land.

Du Schlepper
aus dem Hinterhalt.
Deine Hände,
Wirbelwind,
außer Rand und Band,

knickte einen Klee,
zerrupfte vier Blätter
und verbracht
ins dunkle Umland.

Mohamed – schwand
durch deine Hand
ins Hinterland.

Niklas!
Vier Lenzen wie Mohamed,
geht in den Kindergarten.
Frage – Niklas:
Gibt es im Kindergarten auch Ausländer?

Vier Worte,
ein Bündelblitz, der in Gedanken
und Geister bohrte,
schossen aus dem kindlichen Munde:
- „Nein, die sind Kinder!"

Wien, November 2015

*Gewidmet Mohamed, dem vierjährigen Flüchtlingskind, der am 1.Oktober 2015
von einem Deutschen auf dem Gelände des Berliner Landesamtes für Gesundheit
und Soziales entführt, missbraucht und getötet wurde.
Gleichzeitig ein Interview mit einem ebenfalls vierjährigen deutschen Kind, das
gerade Kindergartenbesuchte.*

Des Regens Kind

Kennst du die Weiße?
Die weiße Farbe,
die weiße Farbe des Regens?

Sie duftet nach der Sonne
hinter dem schwammigen
Meer da oben, von dem
sie stammt, die Weiße,
die Farbe des Regens.

Und du.
Du, des Regens Kind,
das auf die Augenblätter
herabrinnende, auf die
Grashalme perlende,
Destillat.

Du mein Herzpochenwärme kühlendes
Nach-Dir-Streben,
für dich will ich
meine Sehnsucht
zu einem Regenbogen weben,
der den Gesang der
Morgenröte
In deinem Leben
Lässt schweben...

Mein Augen-,
mein Augenlicht
verflüchtigt sich in morgendliche
Seelenteilchen,
die ihre Atemwege

zu dem
rosaroten
Lippenflügelschlag
bahnen.

Wien, November 2015

Vereint im Einst und Jetzt

In deinem Fruchtwasser
schwimme ich, o du,
die du mich beherbergst,
dem zu, der mich
hört -,
der mich
zu den Weh-Wegen
deines Herzschlags
hinführt.

Mit mir
schwimmt unser Damals,
das Langatmige
zwischen unseren Herzflügeln.

Du, die du dich
in mir spürst -,
die du den Sein-Sinn
meines Einst und Jetzt
berührst, zur dir
kehre ich heim.

Du Lichtbringer
in meine Augen,
in mein Sein, das
deiner Endlichkeit
wir finden uns zusammen
in unserer
vonsammen geklaubten Zeit.

Wien, November 2015

Zerstoben in Steinschlag

Steinhagel
schleudern aus
mit Gotteswillen beschlichenen
Händen,
gesteuert von
hohlen, mit Turban beschwerten
Köpfen,
auf Geheiß
unsichtbarer Macht,
des steinstarren Allahs.

In der Grube!

In der Grube ragt
ein Kopf, ihr Kopf,
Staubfarbener.

Die Lebensfrohe,
im Herzen flackernde
Liebeslohe
vermählt in Unliebe
mit steinaltem Greis
mit steinernen Lüsten
geführt durch
versteinerte Triebe.

Die wonnige
herz-diamant-rohe
Farbenfrohe!
Deine Empfindungen
verroht,
trampeltest du auf

Gottes Ge- und Verbot.

Du folgtest der Fährte der Liebe,
verwoben in Gletscherschmelze
dahintreibender Geschiebe.

Sünderin, so lautet der Spruch
der Schrift.
Sühne: Steinhand, Steinrund
Steinmassiv, Steinbund,
Steingeschrei, Steinwund,
Prahlend auf deine
Steinwand,
ragend aus der
dunkeltief gähnenden Grube,
aus dem seelenleeren
Unverstand.

Wien, November 2015

Gewidmet ,Rochsahana', einer 19-jährigen afghanischen Frau, die wegen Ehebruchs gesteinigt worden ist. Man steckte sie ein Erdloch, wo nur ihr Kopf herausragte, während ein Pöbel aus Männern Steine auf sie warfen.

Blutzoll in Tricolore

Freitag der Dreizehnte,
da hing die Sonne schief

Tief.
Tiefe Trauer,
Kundgebung des Schreckens
überkam dich - ‚Grand Nation‘,
sie erfüllt die Welt,
Schmerz in Gradation.

‚Bataclan‘ –
Klänge, in kratzenden Obertönen
auf den metallischen Schwingen
des Adlers des Todes
fliegen in den Raum,
betäuben den Abend,
erfreuen Ohren.

Abrupt
E-Dur – sich in Todesschwingung
Verpuppt

Wild.
Wilde Rocker,
feige in die Menge geschlichen,
bestial, entmenschte Schocker
dunkle Misstöne
auf Allahs Geheiß,
in den Abendglanz gebracht;
der Freudenklang
ins ewige Nicht verblichen.

- Café le Carillon,
- La Belle Équipe,
- Le Petit Cambodge,
- Comptoir Voltaire,
- A la Bonne Bière
Stationen des Blutes,
Pfade des Tributs,
ziehen voller Schwermut
durch blutende Herzen,
Zorn und Missmut
Verleihen Trauerkerzen
sanfte Tränen
voller Wut.

Allah schläft,
komatös tief,
Allah hat seine Kinder
nicht im Griff.

Allahs Kinder
stehen an einem
abgrundtiefen, schroffen Kliff.

Ich bin Du - Paris,
ich blute mit dir im Herzen,
dein Blutverlust
ist aber keine Mutverlust.

Tricolore!
Du bist, du bleibst
Regenbogen der Freiheit.

Wien, 14. November 2015

Sorgelaut des kleinen Herzen

Was ist passiert Papa?
Fragte das Kind.
Warum starben so viele Leute,
warum stehen dort Blumen und Kerzen heute?
Es ist etwas Schlimmes passiert.
Antwortete der Vater.
Es ist etwas kompliziert.

Ich weiß schon.
Sagte das Kind:
Sie sind wirklich, wirklich gemein,
das Böse, das nach Blut giert,
böse Kerle sind nicht nett,
rau und unfein.

Wir müssen uns
in Acht nehmen vor denen, wir müssen
umziehen.

Nein.
Sagte der Vater:
Sei unbesorgt mein Kind,
wir müssen nicht umziehen,
Frankreich ist unser Zuhause,
der Täter Hass ist stockblind,
aber gewiss, deren Spuck
verrinnt
irgendwann und geschwind.

Aber sie sind böse Kerle, Papa!
- Ja, aber böse Kerle gibt es überall meine Perle.

Aber sie haben Gewehre, Papa.
Sagte das Kind.
Sie können uns erschießen,
sie sind wirklich, wirklich böse, Papa.
Warum tun sie das? Erkläre!

Es ist wahr, mein Kind.
Sagte der Vater.
Mag sein, dass sie Gewehre haben,
wir haben aber Blumen
als Abschied, für die, die starben.

Ja, sagte das Kind:
Und die Blumen …. Sie tun nichts,
sie sind für die Toten.

O doch. Sagte der Vater,
sie tun was, die Blumen,
sieh hin, jeder legt eine Blume nieder
und singen Trauerlieder.
Die sind da, um die Gewehre
zu bekämpfen,
die Blumen, und
um die Schmerzen zu dämpfen.

Um uns zu beschützen?
Fragte das Kind!

Genau; betonend der Vater.

Und die Kerzen?
Fragte das Kind.
Wofür sind sie da,
sie leuchten so schön!

Sie leuchten,
sagte der Vater,
um uns an die Menschen zu erinnern,
die gestern von uns gegangen sind.

- Blumen und Kerzen
  sie beschützen uns,
  sie hellen unseren Geist und
  unsere Herzen,

Ja, so ist es,
bestimmend der Vater,
und fühlst du dich jetzt besser?

– Oui Papa; oui
  Je me sens mieux.

Wien, November 2015

Nach dem Terroranschlag von Paris am 13. November 2015 treffen sich Menschen an den Orten des Geschehens und legen Blumen nieder und zünden Kerzen an als Zeichen der Trauer. Ein asiatisch stämmiges Kind auf den Armen seines Vaters, das darum besorgt ist, dass es und seine Familie als Fremde wegen dieses Anschlags aus Frankreich abgeschoben und ihr Zuhause verlieren, fragt seinen Vater, was da passiert ist. Es entstand ein Dialog, der in YouTube ausgestrahlt wurde. Diesem Dialog habe ich hier die Bühne gegeben.

Verwerfung

Wahn.
Der Wahn,
    der Wahnsinn
in irrigen Wahnwegen bemächtigt
den Kopfsinn in
sinnfremden Fremdgehegen.

Wahn.
Der Wahn,
    das Wahngelege,
der Ort, wo versteinerte Bluteier
gelegt werden:
Glauben – der Stoff, der
die Geister dröhnt,
sich den Seelen
der Geistlosen frönt,
des Gottes mit Blut gegerbten Haupt
mit Rauchseelen geräucherten Skalpen
krönt.

Verworfene Haufen –
Konglomerat des Bösen auf
Entweihtem Boden der Propheten,
Chöre, die Psalmenbündel vom Tod
singen.

Schänder,
zu Schandtaten umtriebene
Schandgesellen
speien
aus Schandmaul
in das Tagrot sickerndes

Schinden des Urwortes.

Es floss, floss, floss
und ewig floss
der Saft derer, die
nicht an sie glaubten,
so sprach das heilige Wort.

Es fielen, fielen, fielen,
und ständig fielen
durch den Tag,
durch die Nacht,
der Gegenzorn derer,
die sie als Plage lebten,
und das Land blutet,
die Menschen bluten,
die Schatten fliehen und
sterben und
brennen.

Wien, Dezember 2015

Blutroter Halbmond

Gold, golden,
goldenes – goldige!s Zeit!Alter
überzog dich einst,
fruchtbaren Halbmond.

Damals schien die Trias
vereint in einem Bunde,
Gelehrsamkeit floss durch deine Adern,
die Tinte der Gelehrten
war heiliger als das Blut der Märtyrer.

Die Zeit überfuhr dich,
die Jahrhunderte überrollten dich,
dich überkam düsterer Wandel,
wann? Del!
Wahndelle, Delle eingedrückt
in deinen Breit-, Leit-, Zeitgeist,
zurückversetzt
in finstere Tage der Prophetenhorden.

Der fruchtbare Halbmond
trägt heute Blutrot,
die Farbe seiner Trauer ist rot,
die Farbe seiner Tränen ist rot,
die Farbe seiner Träume ist rot,
auf deiner Brust
thront die heilige Gewalt,
durch deine Blutbahn jagen die apokalyptischen Reiter
ins Morgenland.

Tel Aviv, Dezember 2015

Ver!Woben

Wir steigen zu euch
in die Sonne,
wir folgen euch in die
Herz-Schmelz-Zone,
dort, wo Bangen und Hoffen
ineinandergreifen.

Ein Ruf lautlos,
ein Laut wortlos,
ein Wort geruchlos,
ein Geruch feuerlos,
ein Feuer aschelos,
die Asche farblos,
alles verwoben, ver!woben
mit euch, mit uns,
mit unserer Zeit,
unserem Leid!Geleit und
dem der Anderen.

Ihr grifft
nach den Sternen im Meer,
wir schwammen mit kosmischen Flügelschlägern
ins Gesunkene
im All! Im All unserer wortähnlichen
Un!Endlichkeit.

Wien, Januar 2016

Prinzessin Spiel

An dem Morgen
vor nicht allzu langer Zeit
da spieltest du im Hof
die „Prinzessin".

Der Hof war heil,
heimelig. Und du spieltest „Prinzessin",
mit deiner Puppe,
du kleines Mädchen.

Augenrund unter Lidschlag
mit Wimpern aus Kunststoff
überspannt,
haar-hell, glatt
herabfallender Wasserfall
übers leblose Gesicht.
Du kleidetest sie –
mit deinen kleinen Händen,
die Prinzessin. Die Wahre
in deinen Augen.

Fröhlich Gelache,
kindlich heiter gediehen im Schoß
elterlicher Obhut
atmet durch Haus und Hof und
hindurch durch die Mauer.

An einem Morgen
der irgendwann späteren Zeit,
an einem Heute der selbigen Örtlichkeit
im Takt der Atemtöne
schlug sein Name auf,

die Bombe des ‚Allahu Akbar' -
sein Ruf nach un!heiligem Krieg,
seine Worte der Un!Liebe,
voll laut doch stumm
wie der Gott selbst.

Blinde Wut
bebte Haus und Hof und Mauer weg,
riss Krater in die Erde, in
den Hof – trichtergleich.

Trümmer über Schutt,
Schutt über Asche ragten
an des Hauses Stelle zu Berge.

Keine Heiterkeit.
Verstummt kindliches Gelache,
Prinzessin Augenhohl
bewacht Spielstätte
armlos, beinlos
ohne Spielgefährtin – ohne dich,
die heimatlose Prinzessin.

Wien, Januar 2016

II. Gefühlsstaub

Scheidung

Dort
komm ich hin
zu deinen Jahren,
wo wir zu zweit, zu dritt
zu viert und zu eins
die Tage pflückten, warte
auf mich!

Dort, wo wir spielten,
wuchs uns das Kindliche zu, und
es lächelt mir heute herüber, dort
warte auf mich!

In unserer Schweigsamkeit
schwamm der Mond nackt, hinüber
zu unserer Bekümmertheit
es war silberner Kummer,
der uns schied
kein Warten
kein Kommen
doch Weg!Gehen wie damals leise und still,
das Ende vom Lied.

Wien, September 2014

Nachtschleiche

Dunkel.
Gleich der Nacht
in meine Augen bist du
geschlichen
deiner Träume Zelt
hat sich gespannt
über meine Wachstunden.

Es nachtete
dein Äther, der
meinen Geist umnachtete,
brachte matte Sterne
sie schluchzten
sie spendeten keine Tränen.

Wien, September 2014

Verscharrte Liebe

Hinter dem Schatten, nicht dort,
doch dem Schatten,
deinem Schatten
verscharrt hast du das Licht,
das du gefangen. Es leuchtet, das dachtest du,
nur für dich.

Lass es frei Liebste, komm
lass es fliegen
Flügelschlag lass ihm wachsen,
empor mag es sich schwingen
die Erde, das Grab
und alles Grabende
durchdringen
für uns, in dir und mir
zu uns.

Erklingen
wollen seine Töne über uns.
Versingen
wollen wir die ruhelosen
Unlieben in uns.

Wien, Oktober 2014

Perlen

Lichterreihen
wuchsen meinen Augen zu
Perlen in Zweien
rund wie mein Augapfel
lebensfarbig funkeln sie
geknüpft ins Sein
mein Sein,
in den Tag, in die Tage
meinen Tag, meine Tage.

Hierher gewachsen.

Himmelbunt,
zephyrisch lebend Kraft, die in euch
gehaucht.

Bumerang in mich gekehrt.

Mein Blut perlte Euch ins Herz
Perlen, meine zwei Perlen
seid zurückgeperlt in mich
Kokon um euch
ist mein Ganzes, dass ihr gedeiht
euren Nächsten
und der Welt.

Wien, Oktober 2014

Der Liebe Kosmos

Zu dir hinaus
komme ich in die Nacht
zu den Sternen, wo
du kosmisch dein Wolkenzelt
hast aufgeschlagen.

Deine Augengeflüster,
Glühwürmchen meines Weges zu dir
fluten mir den Raum,
die Welt.

Hauchdünn
bedeck ich dich
mit Schleier meiner Wachsicht,
        meiner Liebe,
oh Du, mit meinem Leben.

Du schutzbefohlenes Licht
hauchdünn, küssen dich
meine verwelkten Lippen
und ich liebe dich
liebte dich, liebte, dich
galaktisch.

Wien, Oktober 2014

Entwoben

Entwoben
in dir Geliebte. Zu dir
laichen die Wortfische
liebeweise -
weise
kehren die verwobenen Teilchen
meiner dämmernden Schwermut
gleich einer Waise ungereimt
in der Einsamkeit
der Liebeskältekreise.

Entwoben
zu leisem Windesausen,
das dein Haar streichelt,
es zu silbenlosem
Goldgelb kämmt,
zu Sil-ben anhaucht.

Das Goldgelb, das Sonnenwindsegel
fängt sie auf,
die Lie-ben
die Sil-ben,
die greifen in die schallenden
Farben der Astilben.

Bist du da? Geliebte!

Wien, Oktober 2014

Zerflammt

Es weht und flattert
und flattert und weht
und tanzt in die Lüfte
geräuschlos, die Fahne meiner Leise
meiner Gedanken, deines Gedachtes
ihrer und unserer Zu-Denkenden.

Ich spüre sie stichartig,
emporstehend sucht sie den Weg zu uns,
den Rauchpfad
in der Wirbelsonne der Lichte.

Der Schatten. Der unseres Selbst
tanzt in sich,
flieht in sich,
schließt sich ein
in eurer Einsamkeit.

Das Sonnenrund
dreht sich und rollt und flammt,
rollt und grollt
gelb und feurig,
zermalmend Schatten und Selbst
zerflammend Pfad und Fahne.

Wien, Oktober 2014

Zeichenschleier

Schneegewand.
Durchtragenes
in die Zeit
gefrorener Zeichen
Schleier gleich
Verhüllt das Antlitz
der ewigen Trauer
unserer innigen Berge.

Die Seelen erfrieren.

Eiswand.
Stehende,
mittenein empor
dem Dunkel zugewandt
galaktische Konturen verwischt,
erzwingen den Umriss
kosmischer Torturen,
in denen die göttliche Kraft
täglich flackerhaft erlischt.

Bad Aussee, November 2014

Der Seele Heimat

Schoßumschlungen
geruht, harrend,
herum-, hinaufblickend
klettern deine
lauten Augen hinauf
Steig um Steig zum Soizbärig.

Salzstock
Weißgold
gewachsen lebendig fährig
speiend das Seiende währig.

Deine Lunge, die Sonnige,
atmet mittenein
in den Sarstein ein,
gletschrig frisch atmet sie
mittenaus aus dem Dachstein aus.

Loser,
Tressenstein, Trisselwand
flankieren deinen ruhig Schlaf,
und immer neu erwacht mit Radling
das Ausseerland.

Dein Wesen grün bunt
in reichen Nuancen
beleben das Verkarstete
im verkarsteten Blick des Toten Gebirges.
Tot-Ge-Birge.

Bad! Aus! See!
Bergig, quellig

seeig, selig
waldig, seelig

Es strahlt, es halt
ins nasse Getöse
herabrauschend von der
Grundlseer Traun
herunterbrausend von der
Ausseer Traun
getraut im Bund der Traun
tanzend zwischen bergigem Zaun
sprühend Fröhliches
ins Herz gehaun.

Klares.
Trübes.
Geprägtes Gedächtnis
fließen ineinander und doch
grenzwärts getrennter Weg
klar-trüb, trüb-klar
tanzen sie seitwärts
unausgelastetes Vermächtnis der Natur
sprudelt und fließt pur
Traun-Traun
Grundl, Aussee.

Gelandet
heimwärts in der vermeintlich Fremde,
Seeauge küsst mich
in die wache Erde
auf den Bergschwingen schwebe ich
über das ertastbare Echo der
gespürten,

geführten,
gekürten Heimat.

Bad Aussee, November 2014

Glücksdrache

Drache
Wachender am See
glückspeiend
gewunden im gewundenen Wald
erfüllt vom Seegeist
um die Herbeisehnende,
den Herbeisehnenden freiend.
Käme sie bald?
Erscheine er in voller Gestalt?

Toplitzsee! Der Wegkreuzer, der
Liebespilgern den Weg weist
dein Geist um den des Glücksdrachen
kreist.

Toplitzbach! Der Plätscherklang, der
Liebenden zum Geleit
Liebspuren von Joh!Anna erweist.

Gößerlwand
des Drachens schützendes Umland
hält über die Liebwandernden
die schützende Hand.

Gößel, November 2014

Drachenflieger

Hebe empor
der Sonne entgegen
gleite hinauf
der Höhe wegen
ziehe in Bögen auf Himmelswegen
Drachen, bunter Flieger
menschentragend, luftiger Sieger
segle durch die Lüfte
kreise, drehe Runden
aufm Loser
Sandling spähend
zum Dachstein schwenken
empfange den frischen Atem
gletschrig, schau hin, empfange.

Sinke
in Runden nieder
den Sinkflug
spüren in den Atemzug
den Wind liebkosen,
der dich
hinauftrug.

Gößel, November 2014

Ödenseer Rundgang

Der Pass im See
schneidet talweise
den Wald und den Kamm
Wolkenstreifen in Farbencocktail
ziehen im Himmelspiegel
wasserinnig hindurch.

Moorig, moosig, sumpfig
waten die Augen rundum
Baumstumpf, Trittplatte, Fantasiewecker
manch verrottet, manch frisch
Bilderrahmengleich
um den dunklen Nass gesät.

Stockausschlag treibt berg- und wasserwärts
der Wald felsdurchsetzt,
bedeckt die Erd.

So spricht mich an
er, des Sees Geist
darin höre ich dein Echo du Geliebte
dein Ruf dünn und mein Nachhall kühn
steigt hinauf in den Äther
Wanderer
Wandernder
ich wandere.

Ödensee, November 2014

Trip zu den sechs Seen

Sechs Augen
gesunken in den Bergen
blicken in den Himmel
glasig, eisig
das Dunkel aus der Tiefe heraushellend
und die Tiefe in mir
schreitet auf,
schreitet ab
den seeigen Wegen.

Sechs Augen
gegraben in den Bergen
mit ihnen meine Augen
pflücken den Duft
des Weges harschen Schneebelags,
der unter den Füssen kracht,
greifen zum von der Luft
geblasenen Fluidum
tief in die Seele gebracht.

Acht Augen
gereiht in den Bergen
von denen sechs gefesselt
in der Natur Rahmenwerken
zwei schweben
zwischen Himmel und Erden
dichtend Moments ewige Versen.

Sechs Augen
verbergend
märchenhafte Zeitwesen, welch
die kaum müden Wanderer

herauslesen
die Geister, die zu damals
hier gewesen
mäandriert schlängelnd
ädern Bäche die Erde
geleiten moorige Fährte.

Tauplitz Alm, November 2014

Reigen der Nichtliebe

Du kamst.
Umhüllt im „NICHT",
im Nichtseienden.
Gefangen
in der
schon-lange-nicht-mehr
mit Geist beladenen
Substanz des Seins.

Unser Sein.

Deine Augen funkelten
in der Entleerung des Herzens
vom „Nichtlieben".

Das immerwährende Licht,
dem ich entwerden wollte
in Dir,
in Uns,
warst Du.

Ich, des Begehrens Schatten
verschmolzen in der Sonne – Du,
unsere durchsichtigen Atemzüge
perlten sich
zu Tropfen,
die aufgehen, so dachten sie,
im Ozean des Entwerdens.
Du kamst,
die Fadenlichter deiner Augen
waren
der Reigen einer

zum Schein Werdenden Melodie,
das Sein in sich Verbergenden,
und wir tanzten
zum Rhythmus deiner Launen.

Du gehst.
Du gehst, wie du kamst,
ins Immer-Noch-Nicht-Zurück,
in des Seins
allzeit lastende Stück
in dem Nebelschleier.

Wien, Juni 2015

Fernflirt in der Al-Aqsa Moschee

Was tust du, fernab
unter dem Zwergbaum?
Schattenseitig sitzt du dort,
dein Kopftuch
bändigt deine Haare, dass sie
ja nicht dein Gesicht verbergen.

Deine Gesten
deuten mir, schreibend geschäftig
bist du,
unter deiner Stift
fließen Worte
auf das Weiße unter deinen Händen
gedankenhaft, die mir
verborgen.

Und meine Gedanken
fließen hier, ins Papier
das Meinige.

Blitzverliebt aus der Ferne
in die Weiblichkeit deiner Gestalt
rank, verhüllt passgenau
in einem Keuschheitsmantel, der
sinnlich betont dessen Inhalt,
Du Holde, Du Frau.

Ins Äther
verduften die beiden Geisteszüge,
unsere Züge
in gefühlshohen Flügen,
erkunden will ich

die Poesie deiner Seele,
ob sie die gleiche Wellenlänge
in die meinige trüge.

Reinfall
keine Liebeswellen!
Bloß Namenschilder, für
Namenlose.
Eintritt, Empfang
Für Zurtittsbedürftige.

Einschluss in den Schluss
eines Ferngebets
ohne Gedankenfluss.

Jerusalem, Juli 2015

Fliegendes Geflüster

Amor, Cupido
schwing den Bogen
Pfeilspitz mit Honig
überzogen,
lass sie fliegen
ins Herz der um mich
flatternden Anmut,
der Anmutigen,
denn dein Liebesgeflüster
ist nicht gelogen.

Hol sie zu mir
auf den Schwingen ihrer Träume
in mein Herz geflogen.

Wien, August 2015

Sinnestanz

Ich tanze
dir zu, den Galaxien entlang, und
verleibe mir deine Schritte ein,
verfolge
deinem innigen Gang
ohne Geleit
von Musik und Gesang.

Sonne Mädchen!

Mein Sehnen
nach dir
trunken vom Rhythmus
deiner Sinne, die
zitternd schwungvoll
sich in Sinnlichkeit dehnen,

Das ist sie,
die kosmische Kraft,
die mich treibt
zu dir,
mich hinlangend fortzusehnen.

Wien, August 2015

Duftspuren

Rosen.
Sie trugen Rosen,
ihre Augen.
Stimmen hatten sie,
sie sprachen,
sprachen sie zu mir:
Es kommen Düfte dir zugeflogen,
unsere Düfte,
sie läuten rot
sie läuten rosa,
sie läuten gelb
an der Glocke deines
duftlos gewordenen
Herzen.

Rinnsal.
Rinnsal der Düfte
In das Feld gewacht.

Schlängelt
in deine Seele,
die wieder lacht.

Narben hinweggeschwemmt,
in die Spur, die nimmer wacht.

Wien, August 2015

Gepolt mit Dir

Zwei Polen
erdhaft
in dir gepolt,
die dich in mich polen.

Geladen
bin ich mit
deinen Blicklichtern,
die durchdringen mein Herz.

Am Fluss deiner Sinne,
schwebe ich hinweg
seelenbetäubt
zu deinen Gestaden.

Deiner Haare Kaskaden
versprühen
rausche Liebesballaden.
und deine Lippen
hauchen mir zu deine
Serenaden
und
Aubaden.

Wien, August 2015

Ein Abend im Bricks

Unter dem Gewölbe tief
saßen wir im Rot,
gedämpft laut,
gefärbt durch den Ton des Raums
tastet die Musik
die lauschende Haut,
dem Gehör die Hörkraft
beraubt.

Schaumiges Gold,
glucksender Bräusaft,
weiche Krone aufgesetzt,
plätschert hinunter
mit wachsendem Zeitrausch
dahin gleiten
in einen Long-Drink-Plausch.

Bricks!
Ziegelgewölbt.
Die Zeit in dir zu Silben
erstarrt,
die Sinne zu Worten
betäubt, die aus den Augen
hinüberschweifen, zur
Ferne, in der dir ein sinnlicher Blick
sträubt,
welch herübersaust und
meinen Geist bestäubt.

Dir zugewandt
äthert mein Kehrblick,

es tun dir auf:
Augensilben, Silbenlaute, Lautsegmente des
Schnell-Verblicktes,
Du, die Helle,
Vom-Dunkel-Eingerahmte
mit den zwei Funkeln,
den Blauen, die kokettierend
in meine beschwipste Laune schunkeln.

Wien, September 2015

Schwarz-Grüne Liebesflut

Wasserfall, schwarzer,
sanfte Kaskaden
fallen herab übers
Mondgesicht,
das silbern erhellt
Herzens düstere
Promenaden.

Kein Vergischten,
Tränen, trübe – moussieren
auf liebliche Gestaden.

Deine Augenjade,
grüne Lichtdyade
scheinen durch
tief ins Herz
gesetzte Palisaden,
dahinter die Lichtung
sehnsuchtsweiter Esplanade,
Stätte augenheller Tetrade
für tiefe
Gefühlsparaden.

Wien, November 2015

Atemglut

Ich atme
den Staub deines Schattens,
er zeichnet einen Weg
in meine Blutbahn
tief einwärts
durch die Atemglutbahn,
voran
in den Tag,
in die Nacht,
in die Jahre,
wo deine Liebe
seit deinem ersten Herzschlag
in meine Venen verbracht,
stets und fortan
in der Worte sanftem Fluss
unserer Symbiose rann.

Ich atme deine Sehnsucht,
deine Begeisterung,
deine Hauchfrucht
und alles aus ihnen
zu meiner
nach dir sehnenden Ferne
Emporduftende,
die in mir zur Atemluft
verwelken.

Wien, November 2015

Farbwende

Herbst.
Bunte Reife,
die in die
Seelentiefe greife;
gelb, braun,
weinrot,
sattgrün
herber Zeitzaun,
in dessen Lauf
ruht Brot,
unter dessen Farbenschleier
blüht Farbenklang,
gedeiht Sanftmutschrot.

Augenfrohes Spektrum,
welch Herz und Gemüt
lebhaft streife,
in die Kälte
raschelt das Laub hinüber,
wo der Ruf des Winters
durch die Adern der Zeit
schweife
und uns mit Schwermut
ergreife.

Wien, November 2015

Des letzten Atems Ausklang

Da schwebt er,
verirrt in den Äther deines
von deinen
durchgerüttelten Jahren
gesponnen Jetzt,
dein Geist.

Raumwärts,
raumrund, raumtief,
raumlang und –breit,
raumauf und -ab
fliegt sie und kreist
hinauf und hinunter,
vom Leben-Herbst-Dornen
gestochene Atemblase
deiner durchgeisterten,
atmosphärischen
Ruhestätte.

Das Ziel, deine Unzeit.

Atme in Ruhe!
Atme in aller Stille,
im Einklang
mit deiner letzten Wille
ohne lärmende Brustflügelhebung,
verlasse
die vergängliche Hülle.

Atme ein, atme aus, atme
ihn ein den Frieden,
über dein Weißgesicht,

durch deinen
durchsichtigen Körper
in deine noch rote Lunge
der verblichenen Jahre.

Deine Unzeit ist da.
Ade! Ade!
Und es schwirrt
durch uns und dich
ins Dahin,
das Ewig-Un-Seiende.

Wien, November 2015

Der verlorene Mond

Silbern
war es damals,
als du am Fenster
meines Hinüberzudirschauens
standest,
der Lichtkreis
meiner Freude.

Begegnungen
mit Heute und Gestern,
ich las
dein Gesicht, las
deine Augen, las
deine Lippen und
dein Wispern dazwischen, die
zu Küssen heranwuchsen.

Es war hell,
die Helle, die Gleißende
in meinen Sinnbahnen,
die in meinen
Blutzwischenpulsen
flüssig wurde.

Das Heute, die
Kehrseite des Gestern
trägt die kosmische Nacht
der Lautlosigkeit
deines Mondgesichts, das das Dunkel
in seiner vollen Unpracht
mir überbracht.
Silberhell

ist es nicht mehr,
keine strahlende Pracht,
die unserer Küsse Geflüster
bewacht,
entschwunden ist
dein Strahlenkranz
berührungslos und
sacht.

Du gingst
durch das schweigsame Damals,
wie du kamst.

Wien, November 2015

Herztöne

Es hebt sich,
es bebt sich,
es lebt sich, es webt sich
das ‚Du' in mir, um mich,
das Gestöber deiner Sprache,
es war füllig,
es war überfühlig,
          der Frühling unserer
Augkristalle.

Gefunkel,
langsam Ab- und Aufatmendes,
tickender Stundenzähler trägt unsere
geschmolzene Blicke in die Lichtwiese.

Ich hörte dein Ticken,
mit meinen Augen,
wir sahen
den Ton unserer Herzen
in C-Dur, sie flogen empor
empor flogen sie
in die Bahnen unserer
Grausterne, die uns
auf ihre Staubspuren
mitnahmen.

Wien, Dezember 2015

Herzgeflecht

Ein Wortumriss entsteht auf deiner Zunge,
er zergeht, ohne
dass er vergeht,
zu Namen,
die in der Schattenstadt
deiner buchstabierten Lunge
nach Luft greifen.

Auch mein Name
wurde ausgesprochen,
wird ausgesprochen,
mit den anderen, die
das Tabu
haben gebrochen,
nicht zu Kreuze krochen,
den Duft
deines Atems rochen.

Namen.
Sie wandern,
erwandern dich und mich,
bewandern das Zeitlicht, das
aus unseren Herzkranzpochen
daher klingt und
flechtet Geschichten ob unserer Liebe.

Wien, Dezember 2015

Sababa in Jaffa

Getragen auf des Windes Flügeln
in die Weite, wo mich
hinzog in das Unfromme,
unweit von Gethsemane.

Auf und ab,
durchbrochen Wolkenkissen, Nebel
und Eiskristalle
auf das betriebsame Unten gesteuert,
das Herz pocht und tanzt
zum Rhythmus des Erwarteten,
des Fremden,
der Fremden,
der Fremdduftenden.

Getragen auf eisernem Untersatz
durch die Straßen
entlang den Palmenalleen
ins Domizil verbracht.

Sababa.
Wohlnest mit
Freund- und Sinnschaften,
trägt Namen, die
ins Herz wachsen: Sababa,
tat sich mir auf
ins Heute, mit in gemuschelten Sandsteinen
geritzten Namen – Shai, Marilena, Joel, Rudi und Almog,
jung, jünger, ließen mir Jugend zufließen.

Tel Aviv, Dezember 2015

Atemklang des Meeres

Rauschendes, kristallklar
mit türkisem Klang
zwischen Felsreihen
auf den Strand geschoben,
den Herzrhythmen angeglichen.

Brisenfahne
flattert herüber, küsst
lieblich das Gesicht.

Sandladungen
landwärts getragen,
randtrüb setzen sich nieder
und wieder ins Meer
zurückgezogen.

Das Augenpaar schwimmt
gegen die sanften Wellen,
dort, wo der Himmel
des Meeres Lippen berührt,
ruht der Blick,
in ewig schaukelnder
Zeitstille.

An der Promenade, hoch
wachsen Häusertürme,
sie atmen
mit Salz versetzter Geschichte,
YaffoViv. Ja-Tel-Aviv,

Tel Aviv, Dezember 2015

Letzter Shabbat in Tel Aviv

Eine,
eine kleine –
„eine kleine Nachtmusik"
am mit Sonne gefluteten Tag
erklingt heimwärts
metallisch aus Luft blasenden Poren,
ich nehme Abschied
von dir, du,
die du dich den Freuden zugeschrieben,
und ich trage in meinem Moment
Erinnerungsspuren
aus nassem Atem
des Meeres, aus
dem klanglosen Tanzen
der Palmen, aus
der letzten
Stille deines singenden Shabbats.

Du Tel Aviv,
     Aviv,
     Viva

Tel Aviv, 19. Dezember 2015

Dissonanz

Berge in der Luft
versunken im Farbenmeer,
wattig,
bauschig,
flauschig,
lauschen ergriffen
davonfliegenden Funkgedanken,
die mich zu dir zurückwehen,
du das Meinige.
Tel Aviv.

Berge, von der Luft
abwärts wachsend
ruhen auf Tau-Dünen und
darunter
weites Dunkel,
weites Nachtblau.

Da-
rüber
und über Alles
gleite ich zu dir,
du das Meinige
Wien.

Am Himmel über das Mittelmehr
von Tel Aviv nach Wien, 19.12.2015

Einsame Gefühlgewölke

Stille Zeit! Eilige Zeit!
Schmerzzeit, innwärtszeit.
Schall- und Rauchzeit.

Verwaist schwebt umher
das mit Einsamkeit gepeitschtes
Gefühl-Gewölk
durch die Stille tönende Tage und
Nächte
des vermeintlich Besinnlichen.

Wiederkehr. Die Zeitmühle
bringt's erneut,
die Herzensstille.

Wien, Dezember 2015

Bibliografie

Latif Havrest's Wwerke

Sprachwissenschaft:
Sprachpolitik, Sprachenrecht und Sprachplanung im geteilten
Kurdenland. Eine Soziolinguistische Studie zur Lage der
kurdischen Sprache in den Staaten, die über die Kurden herrschen.
Passagen Verlag, Wien 1998.

Gedichte:
Die Geschichte einer Reise ohne Ziel und Rückkehr. In kurdischer
Sprache, 1989 Wien

Flügge Worte. Tridition Verlag, Hamburg, 2015.

Anthologie:
Neue Österreichische Lyrik und kein Wort Deutsch; Havrest mit
drei Gedichten vertreten, Haymo Verlag, Innsbruck, 2006.

Zeitfracht Medien GmbH
Ferdinand-Jühlke-Straße 7
99095 Erfurt, Deutschland
produktsicherheit@kolibri360.de